LINDSEY
LA PROFESIONAL DE SIG

Una historia de
representación cartográfica SIG

por Tyler Danielson, especialista en SIG
Ilustrado por Lime Valley Advertising, Inc.

©2020 Bolton & Menk, Inc.

Real People. Real Solutions.

Esri Press
REDLANDS | CALIFORNIA

¡Hola! Me llamo Lindsey y soy profesional de SIG.

SIG significa sistemas de información geográfica, es decir, creo mapas y analizo **datos espaciales**.

Lo primero que necesitas para crear un mapa son **datos**. Los datos son información y hechos sobre un lugar o algo específico de nuestro mundo. Los datos son "espaciales" cuando tienen una ubicación, como la dirección de una casa.

Los mapas también incluyen **datos no espaciales**, como la especie de un árbol o el estilo de una valla. Estos datos se registran en una tabla y se conectan con su ubicación.

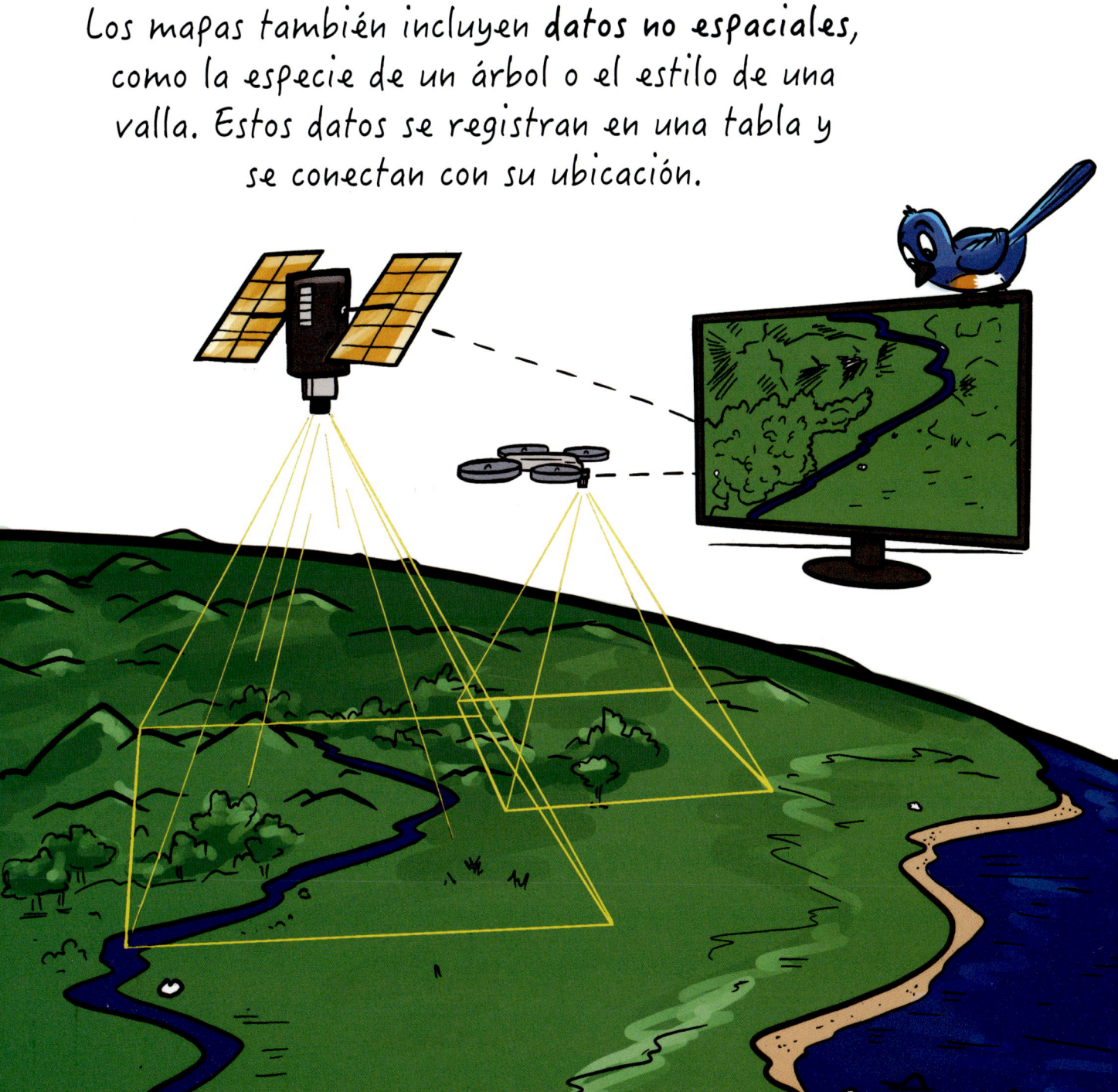

Vamos a recopilar algunos datos con un smartphone en mi parque favorito.

Un smartphone utiliza los satélites del espacio, que devuelven una señal a la Tierra para descubrir dónde está el teléfono.

Algunos datos se recopilan como un polígono, como este lago. Podemos utilizar el smartphone para registrar el límite del lago.

También tenemos que representar esta valla.
Podemos recopilarla como una línea.

Vamos a caminar a lo largo de la valla y a registrar su ubicación.

Por último, vamos a recopilar la ubicación de este árbol como un punto, porque está en un lugar concreto. También podemos registrar que este árbol es un arce y medir lo alto que es y su circunferencia.

Los datos adicionales (datos no espaciales) que recopilamos sobre el árbol se llaman atributos. Estos atributos nos cuentan más información sobre las ubicaciones que registramos.

La imagen son los **datos ráster**. Podemos utilizar esta imagen como la primera capa de nuestro mapa, que se llama mapa base.

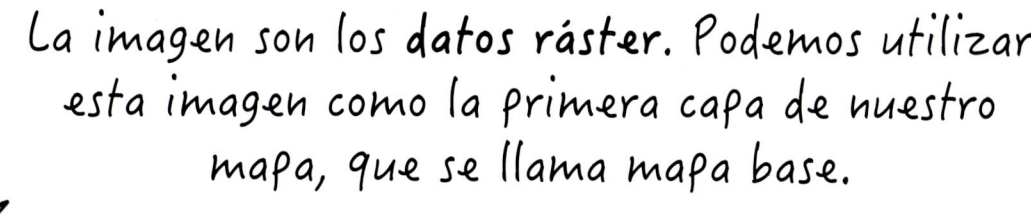

Ahora que tenemos todos los datos, ¡vamos a crear el mapa!

Agregaré la imagen del parque y el resto de datos que hemos recopilado. ¿Ves cómo los puntos, líneas y polígonos coinciden con las entidades de la imagen?

Ahora, vamos a agregar una **flecha de norte** para mostrar la dirección y una **barra de escala** para mostrar lo lejos que están las cosas del mundo real en el mapa.

Tendremos que **analizar** los datos antes de compartirlo con nuestros técnicos. Después, sabrán dónde pueden construir y dónde no.

¡Estupendo! ¡Has creado tu primer mapa!

Glosario

Análisis: el proceso de tomar algo complejo y revisarlo en partes más pequeñas para comprenderlo mejor.

Datos: información y hechos sobre un lugar o algo específico de nuestro mundo.

Flecha de norte: un elemento de mapa que indica dónde está el norte.

Datos no espaciales: los atributos de una entidad, como la especie de un árbol o la cantidad de personas que viven en una ciudad (población).

Datos ráster: muchos puntos organizados en una cuadrícula, en la que cada celda contiene un valor.

(Ejemplos: temperatura, fotos aéreas y elevación)

Barra de escala: un elemento de mapa que muestra lo lejos que está un elemento del mundo real en el mapa.

(Ej.: 1 centímetro en el mapa equivale a 8 kilómetros en el mundo real).

Datos espaciales: datos que tienen una ubicación, como una dirección o coordenadas de longitud y latitud.

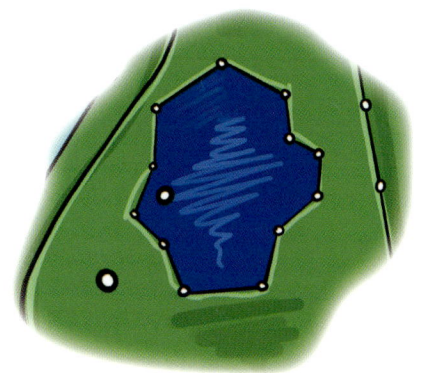

Datos vectoriales: un conjunto de puntos, líneas y polígonos que representan cosas o lugares en un mapa.

(Ejemplos: puntos = árboles o señales, líneas = carreteras o ríos, polígonos = lagos o edificios)

¡Próximamente!

Más información en go.esri.com/LindseyLovesMaps-es.